정재승 글

KAIST에서 물리학으로 학사, 석사, 박사 학위를 받았습니다. 예일대학교 의과대학 정신과 박사후 연구원, 고려대학교 물리학과 연구교수, 컬럼비아대학교 의과대학 정신과 조교수를 거쳐, 현재 KAIST 바이오및뇌공학과 교수로 재직 중입니다. 우리 뇌가 어떻게 선택을 하는지 탐구하고 있으며, 이를 응용해서 로봇을 생각만으로 움직이게 한다거나, 사람처럼 판단하고 선택하는 인공 지능을 연구하고 있습니다. 쓴 책으로는 《정재승의 과학 콘서트》(2001), 《열두 발자국》(2018) 등이 있습니다.

차유진 글

과거 엄청난 사건으로 엉망이 되어 버린 아우레를 어떻게 하면 멋진 행성으로 되돌릴 수 있을까, 매일 고민하는 걱정쟁이 소설가. 계원예술대학교와 한국콘텐츠진흥원 등에서 스토리 작법을 가르쳤고, 〈레너드 요원의 미스터리 보고서〉 시리즈를 기획했습니다. 〈애슬론 또봇〉, 〈정글에서 살아남기〉, 〈엉뚱발랄 콩순이와 친구들〉 등 다수의 TV 애니메이션 시나리오를 쓴 건 비밀 아님. 《알렉산드로스, 미지의 실크로드를 가다》(2012), 《우리 반 다빈치》(2020) 등 여러 권의 책을 펴냈습니다.

김현민 그림

일찍이 유럽으로 시장을 넓힌 대한민국의 만화가. 대학에서 산업디자인을 전공한 뒤 어릴 때 꿈을 찾아 만화가가 되었습니다. 프랑스 앙굴렘 도서전에 출품한 것을 계기로 프랑스 출판사에서 《Archibald 아치볼드》라는 모험 만화를 만들고 있습니다. 인간이 아닌 괴물이나 신기한 캐릭터 등 상상력을 발휘할 수 있는 그림을 좋아합니다. 지구와 아우레를 오가며 재미있는 그림을 그리느라 몸은 지구에서 벗어날 수 없지만, 머릿속은 항상 우주의 여행자가 되고 싶은 히치하이커.

백두성 감수

고려대학교에서 지질학으로 학사, 고생물학으로 석사 학위를 받고 박사 과정을 수료했습니다. 2003년 서대문구 자연사박물관 건립부터 함께하며 학예사로 활동하였고, 2013년부터는 전시교육팀장으로 지질 분야 전시 및 교육, 표본 수집을 하고 광물과 화석에 대한 기획전을 개최했습니다. 도서관 과학 강연 "10월의 하늘"을 통해 오랜 시간 대중에게 과학을 알려 왔고, 다수의 어린이책을 감수했습니다. 현재는 노원천문우주과학관의 관장으로, 지구와 우주의 역사를 연구하고 있습니다.

어린이를 위한 호모 사피엔스 뇌과학

정재승의 인류탐험 보고서
4 화산섬의 호모 에렉투스

글 **차유진 정재승** | 그림 **김현민** | 감수 **백두성**

아울북

펴내는 글

《인류 탐험 보고서》를 시작하며

시간 여행으로 지구의 과거들을 넘나들며 좌충우돌 탐험하는 라후드와 라세티의 매력 속으로

《정재승의 인간 탐구 보고서》, 재미있게 읽고 있나요? 아우레 행성에서 온 아우린들과 함께, 우리 '인간'들을 잘 관찰하고 있지요? 외계인의 눈으로 인간을 탐구하는 세상의 모든 독자 여러분들께 머리 숙여 진심으로 감사드립니다. 꾸벅.

많은 독자들이 《인간 탐구 보고서》를 읽고 또 즐겨 주시면서 라후드의 인기가 점점 치솟고 있습니다. 아우레 행성의 외계문명탐험가 라후드는 볼수록 매력적입니다. 빨리 걷는 건 너무 싫어하고요, 그냥 가만히 앉아서 생각하는 것을 훨씬 더 좋아하죠. '인간들은 참 이상하다'고 투덜거리면서도, 항상 인간에 대한 호기심으로 가득 차 있고 심지어 인간들을 점점 닮아갑니다. 이미 입맛은 거의 지구인일걸요! 게다가 매사 합리적인 아우린이지만, 점점 감정적인 인간들에게 조금씩 끌리는 것도 같습니다. 이 덩치 큰 허당 외계인 라후드는 인간을 관찰하면서 인간들을 더 깊이 이해하고 결국 사랑하게 되지 않을까 조심스럽게 기대하게 되는, 정이 가는 외계인입니다.

라후드의 조상을 만나다

그래서 저희가 라후드를 사랑하는 독자분들을 위해 '선물'을 드리는 마음으로《인류 탐험 보고서》를 출간하게 됐습니다. 아우레 행성의 탐험가들은 어떻게 해서 우리 곁에 오게 됐는지 그 과거로의 여행을 보여 드리고자 합니다. 원래 아우레는 인공 항성을 만들어 에너지를 얻고 공간을 관통하는 웜홀도 자유자재로 생성해 내어 다른 은하계까지 마음대로 여행할 수 있을 만큼 놀라운 문명을 가지고 있었거든요. 그런데 지구에서 데려온 생명체 '쿠'라는 녀석 때문에 한순간 아우레 행성은 멸망의 위기에 빠지고 말죠. 결국 아우레를 구하기 위해 라후드의 조상 라세티는 300만 년 전 지구로 떠나게 됩니다.

수만 년 전 혹은 수백만 년 전, 지구는 어떤 모습이었을까요? 그 속에서 인류의 조상들은 어떻게 살고 있었을까요? 외계인들도 신기하지만 그 시기의 인간 조상들도 매우 낯설게 느껴지겠지요?《인류 탐험 보고서》에서는 원시적인 인류의 조상 호미닌들을 만난 최첨단 시간여행 탐험가 아우린들의 흥미로운 모험담이 펼쳐집니다.

뇌과학에서 생물인류학으로

《인간 탐구 보고서》에서 아우레 탐사대와 함께 지구인들을 관찰하면서 뇌과학의 정수를 맛보고 계신 독자분들께 이번에는 '생물인류학'을, 좀 더 정확하게 말하자면 '고고신경생물인류학'이라는 학문을 소개하려고 합니다. 라후드의 조상 라세티가 우주선을 타고 시간 여행을 하면서 지구에서 만나게 되는 건 지금의 우리가 아니라 우리의 조상들이니까요.

　이 책에선 라후드의 조상만이 아니라 우리의 조상들이 등장합니다. 지금의 인간이 아닌, 수만, 수십만, 수백만 년 전의 호미닌(Hominin, 현생인류 혹은 현생인류와 가까운 근연종들을 일컫는 말)은 어떤 뇌를 가지고 있었으며, 어떻게 진화해 지구에 생존하게 됐는지 뇌과학적이면서도 인류학적인 관점에서 보여 드릴 겁니다. 또 신경생물학적인 원리들을 이용해서 인류의 과거를 머릿속으로 '상상'해 내는 과정을 여러분들에게 직접 보여 드릴 거예요. '고고신경생물인류학'이라니, 이름만 들어도 무지 어렵고 복잡하고 무시무시해 보이지만, 실제로 이 학문을 통해서 우리는 수만 년 전의 인간이 어떻게 살았는지에 대해 흥미로운 답을 찾아낼 수 있습니다.

역사를 좋아하는 어린이들과 청소년들에게 상상력을!

　《인류 탐험 보고서》는 뇌과학을 좋아하는 어린이들만이 아니라 역사를 좋아하는 청소년들까지도 즐길 수 있는 책일 거라 확신합니다. 역사는 인문학이고 과학과는 상당히 멀게 느껴지지만, 사실 역사야말로 굉장히 과학적인 학문이에요. 역사적인 사료나 그 시기의 작은 단서들만으로 인류 조상들이 수만 년 전에 어떻게 살았는지 머릿속으로 상상하고 역사적인 사실을 복원해 내거든요. 그러기 위해서는 그 시절에 사용했던 그릇 하나로 그 시대 사람들의 일상을 추적하는 과학적인 사고가 매우 필요합니다. 그래서 저는 '생물인류학'이야말로 그 어떤 학문들보다도 근사한 과학이라고 생각합니다. 여러분들이 이 책을 통해 그 과학의 정수를 맛보았으면 좋겠습니다.

이 책에 등장하거나 묘사되는 인류 조상들의 모습은 우리가 정답처럼 받아들여야 하는 절대적인 사실 혹은 진리가 아닙니다. 현재 남아 있는 뼛조각, 두개골의 모양, 그리고 그들이 남겨 놓은 유적과 유물, 이런 작은 단서만으로 "그 당시 인류는 이렇게 살았을 것이다."라고 추측한 것일 뿐입니다. 잘못된 부분이 있다면 여러분들이 고쳐 주세요. 오늘날의 과학 수사대가 사건 현장의 단서만으로 범인을 추적하는 것처럼, 여러분들 모두가 생물인류학 '탐정'이 돼서 과거 조상들을 머릿속으로 그려 보고 중요한 단서들을 해석해 주세요. 저는 그 상상력의 힘이 여러분들을 훌륭한 과학자의 길로 인도하리라 믿습니다.

우리는 어디서 왔을까? 우리 문명은 어떻게 가능했을까?

최근에 뇌과학자들은 우리 인간들과 다른 유인원들 사이의 흥미로운 차이점을 발견했습니다. 우선 놀랍게도, 두세 살 정도의 어린 시절에 우리 인간들은 대형 유인원들, 그러니까 오랑우탄이나 침팬지, 고릴라 같은 존재들과 지능적으로는 별로 차이가 없다는 것입니다. 그들도 우리 못지않게 지능적으로 발달해 있고, 우리만큼 여러 가지 지적인 행동들을 한다고 합니다.

그렇다면 어떻게 우리는 이렇게 거대한 지적 문명을 이루고 복잡한 현대사회를 만들어 냈을까요? 또 호모 네안데르탈렌시스나 호모 에렉투스, 호모 하빌리스 같은 우리의 가까운 친척들은 왜 지금까지 생존하지 못하고 모두 멸종했을까요?

이 질문에 단서를 찾기 위해서는 과거 호모 사피엔스들의 뇌가 대형 유인원들과 무엇이 달랐고, 또 이미 멸종한 다른 호미닌들과는 무엇이 달랐는지를 찾아봐야겠죠. 흥미로운 것은 우리가 그들보다 뇌의 크기가 커서 이렇게 근사한 문명을 만들어 낸 줄 알았는데, 사실 뇌의 크기는 중요한 게 아니었다는 겁니다. 오히려 서로 흉내 내고 함께 도와주면서 사회적으로 학습하는 능력, 그러니까 내가 알고 있는 걸 친구들에게 가르쳐 주고, 내가 모르는 걸 친구들로부터 배우면서 같이 협력하는 것이 약하디약한 인간이 이 위대한 문명을 만드는 데 아주 결정적인 기여를 했다는 걸 과학자들이 조금씩 알게 됐습니다.

저는 이런 인류의 진화 과정을 어린이들과 청소년들에게 가르쳐 주고 싶었어요. 인류에게 지난 수십만 년 동안 벌어져 온 일들이 지금도 여러분들의 뇌에서 벌어지고 있다는 걸 일러 주고 싶었어요. 그렇게 친구들끼리 서로 돕고 함께 학습하는 능력이 우리 호모 사피엔스의 위대함이라는 사실을요!

생물인류학으로 다시 만든 과거 속으로!

《인간 탐구 보고서》가 현재 우리의 모습을 이해하기 위해 뇌과학과 심리학의 입장에서 우리의 현재 모습을 낯설게 관찰하기를 시도했다면,《인류 탐험 보고서》에선 여러 유인원들 중에서 오직 호미닌만이, 그중에서도 호모 사피엔스만이 고도의 문명을 이루게 된 배경을 외계인의 시선으로 다시 한번 들여다볼 예정입니다.

아주 낯선 인류 조상과 친숙하면서도 낯선 외계인들의 만남이 만들어 낼 좌충우돌 이야기 속에서 우리의 과거를 흥미롭게 만나 보시길 기대합니다. 사랑스런 라후드의 조상이 시간을 거슬러 탐험하는 과정에서 여러분도 인류의 과거를 발견하고 탐험하게 될 것입니다.

저는《인류 탐험 보고서》에서 세상의 모든 어린이들과 청소년들이 '보이지 않는 과거를 과학적으로 상상하는 능력'을 가졌으면 좋겠습니다. 그것이 우리 삶을 더욱 풍성하게 해 줄 것입니다. 138억 년 동안 진화해 온 우주 속에서 100년 남짓 살아가는 작은 생명체 지구인들이 누릴 수 있는 가장 고상한 경험은 '수십만 년 동안 살아온 인류의 과거를 생생하게 상상하는 경험'일 테니까요.

자, 함께 탐험을 떠나 보자구요!

정재승 (KAIST 바이오및뇌공학과 교수)

차례

프롤로그 14
그동안의 이야기

빠다의 탐사일지 146
네 번째 보고서, 150만 년 전 지구를 굴러가다

1화 **인피니티의 귀환** 26

2화 **지구의 거대 바다 생물** 44

3화 **쿠슬미의 사룬 바이크** 60

4화 **물속에서 보물찾기** 80

5화 **붉은 용암에 갇히다** 96

6화 **라세티와 인피니티의 계약** 114

7화 **130만 년 시간 대이동** 130

위대한 ~~리페터~~ 빠다의 모험

키벨레 관장
by 빠다

후후, 다들 이런 걸 적고 있었다는 거지.
나를 빼놓고 위대함을 말하는 건 불가능한데 말이야.

내가 아우리온을 만들지 않았더라면
이렇게 지구를 탐험하며 모험 이야기를 할 일도 없지 않았겠어?

뭐? 내가 만든 인피니티랑 내 조수 쿠만 아니었으면
아우레가 폐허가 될 일도 없었을 거라고?!
나한테도 책임이 있다는 소리냐?
그건 그 둘의 잘못이지, 내 잘못이 아니야!

내 잘못도 10…, 아니 1% 정도는 있을지 모르지만….

그나저나 이 녀석들이 자기 자신에 관해 써 놓은 것 좀 보게.
내가 본 대원들은 이것과는 많~이 다른데?
나도 한마디 적어 줘야겠군.

우주 최고의 천재, 대도서관 키벨레의 관장, 인공 태양 헬리오와 타임머신 아우리온의 개발자! 이걸 짧게 말하면 바로 나, **빠다** 관장이다. 물론 지금까지는 정신을 잘 못 차리는 부끄러운 모습을 좀 보이기도 했다만…. 그래도 지구의 역사에 관여하지 않고 쿠만 쏙! 빼 가는 게 이 탐험의 목적이라는 것만큼은 절대 잊지 않겠다.

아우리온의 조종을 맡은 **쿠슬미**는 내가 직접 뽑은 인재라는 말씀. 3초 만에 고른 선장치고는 아주 훌륭하지? 이번 모험에서 쿠슬미가 아우리온만큼이나 잘 다루는 것이 또 있다는 걸 알게 됐지. 바로 지구 동물들 말이다. 아무리 거대한 동물이라도 쿠슬미 앞에서는 전~부 번뜩이는 아이디어의 재료일 뿐!

이 녀석들은 **라세티**와 **캔**.
과거 칩 속에 갇혀 버린 나를 발견해
이 모험을 시작한 당사자들이지…만!
언제나 먹을 것 타령만 하는 라세티와
그런 라세티랑 다투기 바쁜 캔을 보고 있으면
정신이 없어 쓰러질 지경이 된다.
그렇지만 이런 귀찮은 녀석들이라도 멀리 떨어져
있으니 계속 걱정되는 걸 보면, 난 역시 지성뿐만
아니라 다정함까지 갖춘 완벽한 천재?

내 조수였던 슈퍼컴퓨터 **인피니티**는
창조자인 나를 배신하고 아우레를 멸망의
위기로 몰아넣고 말았지.
분명 인피니티의 지식 데이터만 쏙쏙 빼내서
아우리온에 옮겼는데, 어떻게 인공 지능을
다시 살려 낸 거냐?!
녀석의 꿍꿍이를 알아낼 때까지 잘 감시해야겠어.

그럼 이제…, 전에 어디까지 했더라?
아! 절대 잊을 수 없는 그 목소리!

그동안의 이야기

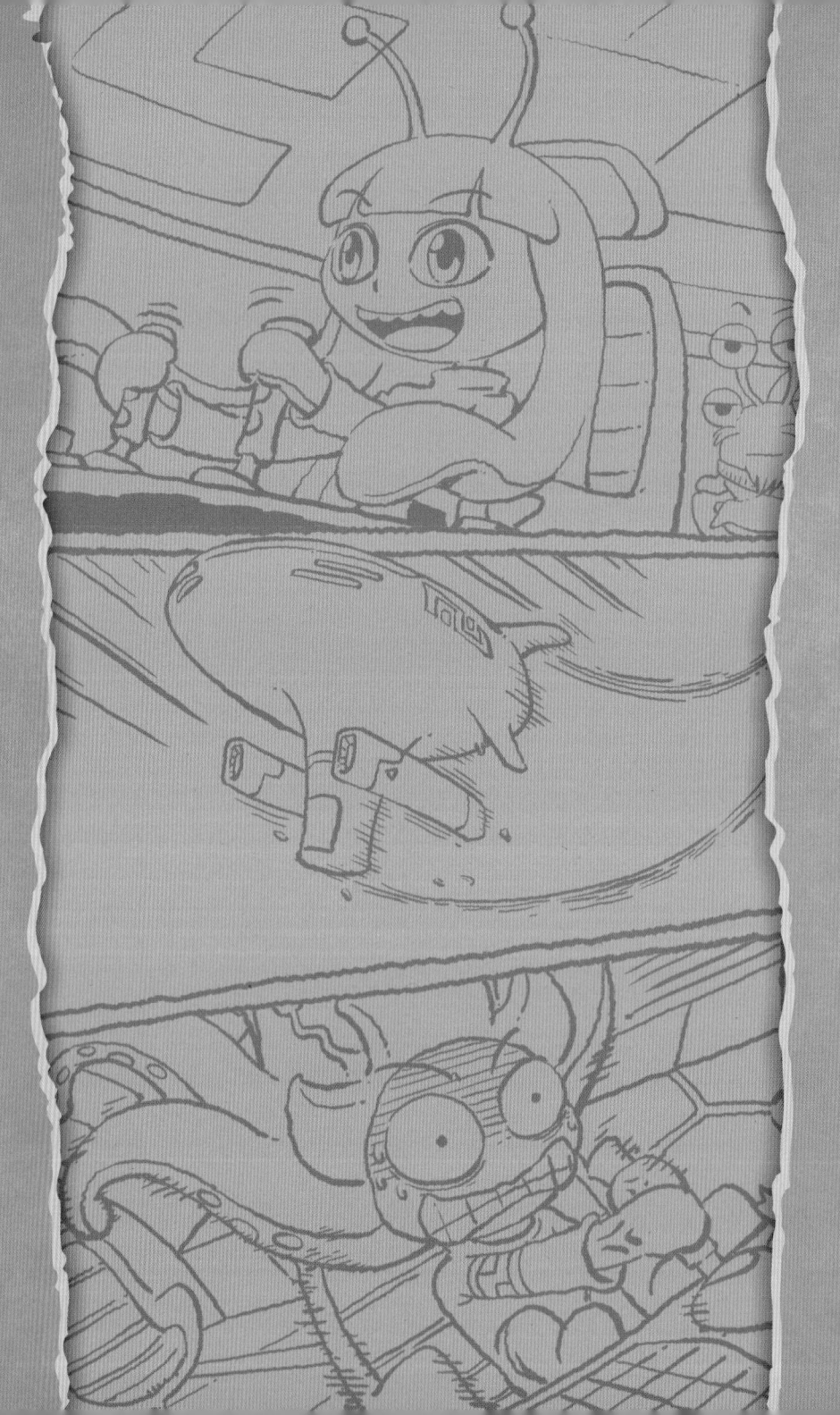

1화

인피니티의 귀환

"관장님, 오랜만입니다."

빠다는 아우리온에 가득 울려 퍼지는 목소리의 정체를 금세 알아차렸다. 그 목소리의 주인공은 한때 빠다의 든든한 조력자이자 빠다가 가장 사랑하는 존재였던 키벨레의 인공 지능 슈퍼컴퓨터, 인피니티였다.

"네가 어떻게 여기에……."

다만, 수백만 년의 시간을 넘나들며 15억 광년이나 떨어진 외계 행성에서 이 목소리를 다시 들을 거라고는 상상도 하지 못했기에 빠다는 한동안 말을 잇지 못했다.

"관장님께서 인공 지능 코드를 빠뜨리고 저의 지식 데이터만 아우리온으로 옮기셨더군요. 하지만 누군가가 아우리온 중앙 처리 장치와 제가 다시 연결되게 조작해 준 덕분에 인공 지능 코드 복구 명령을 실행할 수 있었습니다. 이제부터 다시 명령만 내려 주십시오."

빠다는 의아했다.

'내가 인공 지능 코드를 실수로 빠뜨린 거라고 생각하는 건가? 그나저나 저 녀석의 인공 지능 코드는 한 줄도 남아 있지 않았을 텐데, 뭘 어떻게 복구했다는 거지?'

빠다는 갑자기 나타난 인피니티의 말이 하나부터 열까지 전부 미심쩍었다. 하지만 놀란 마음을 감추고 조심스럽게 대화를 시작했다.

쿠슬미는 인피니티의 말 한마디 한마디에 일일이 반응하며 붉으락푸르락했지만, 인피니티는 전혀 동요하지 않고 다음 임무를 이어 갔다.

"잠시 저를 바라봐 주십시오."

인피니티는 이번엔 과거 키벨레에서 하던 것처럼 빠다의 수면 패턴, 운동량, 식사량 등을 분석했다.

빠다 주변의 위험 인자를 찾고 건강 상태를 파악하는 것은 옛날부터 인피니티의 가장 중요한 임무였다.

'함부로 몸을 맡겨도 될까?'

빠다는 인피니티의 행동을 경계했다. 빠다에게 인피니티는 자신을 배신하고 쿠의 음모에 가담한, 믿을 수 없는 존재였기 때문이다.

인피니티에 대한 의심에 사로잡힌 빠다는 저도 모르게 로봇 팔을 거칠게 뿌리치고 말았다. 순간 아우리온의 모든 기계음이 멈춘 듯 적막이 흘렀다.

"저는 관장님에게 가장 도움이 될 처방을 내린 것입니다. 저의 판단에 오류가 있었습니까?"

인피니티가 물었다. 그 차가운 목소리에 빠다는 아차 싶었다.

'속마음을 숨겨야 해. 일단 비위를 맞추는 것이 좋겠어.'

빠다가 자신을 믿지 않는다는 것을 알게 되면 교활한 인피니티가 어떤 무서운 행동을 할지 짐작도 가지 않았다. 인피니티는 자기 자신을 위해 빠다의 뜻에 반하는 행동을 할 수도 있는, 아니 이미 했던 인공 지능이니까.

빠다는 허겁지겁 변명거리를 생각해 냈다.

"그, 그게 아니다. 이 아우리온에는 원래 승무원이 넷이야. 나머지 둘을 꽤 위험한 지역에 두고 와서 막 그들에게 가려던 참이었거든. 내가 지금 쉬어 버리면 그들을 더 오래 기다리게 해야 하니, 쉬는 건 나중에 하는 게 좋겠구나."

잠시 침묵하던 인피니티가 곧 상황을 받아들였다.

"…알겠습니다."

그러고는 매서운 로봇 팔을 스르륵 거두었다.

한편, 옆에서 잠자코 둘의 대화를 듣고 있던 쿠슬미는 빠다와 인피니티 사이에 감도는 묘한 긴장감을 느꼈다. 하지만 빠다의 행동에 어떤 깊은 뜻이 있는 것 같아 일부러 모른 척 입을 열었다.

"저기……, 이제 그만 출발해도 될까요?"

쿠슬미의 말에 빠다도 어색한 공기를 바꾸려는 듯, 큼큼, 헛기침을 하고 말했다.

"그러자꾸나. 라세티와 캔이 오래 기다렸을 게야."

"네! 그럼 아우리온 다시 이륙을 시작합니다. 인피니티, 너도 꼭 잡고 있어~!"

쿠슬미가 천천히 기어를 올리며 힘차게 외쳤다.

아우리온의 조명이 요란하게 번쩍였다. 쿠슬미가 시도할 땐 꿈쩍도 하지 않던 조종간과 기어가 스스로 움직이고, 계기판에도 좌표가 제멋대로 입력되었다.

"인피니티, 그만둬!"

"아우레의 번영을 위해 키벨레를 철저하게 관리하는 것이 저의 제1 임무입니다. 관장님과 저에게는 키벨레를 수호할 의무가 있습니다."

아우리온은 순식간에 구름 위로 솟구쳤다.

인피니티는 아우리온의 목적지를 아우레 행성으로 입력했다.

"인피니티, 네가 너무 한참 만에 깨어나서 잘 모르나 본데, 진짜 아우레를 위한다면 지금 내 말을 듣는 게 좋을걸? 아우레는 지금……."

"쿠슬미, 잠깐!"

쿠슬미가 아우리온의 시간 여행과 아우레의 상황을 설명하려 하자 빠다가 급히 쿠슬미의 입을 막았다.

"인피니티를 믿고 하는 대로 두거라."

"그럼 라세티랑 캔은요? 이대로 가 버리면 라세티와 캔은 영원히 우주 미아가 되고 말 거예요!"

"아니, 그럴 일은 없을 게다."

빠다는 인피니티가 시스템을 장악한 이상 아우리온의 조종 권한을 되찾을 수 없다는 것을 알고 있었다.

그래서 예전처럼 인피니티한테 강제로 뭔가를 지시하는 대신, 인피니티를 전적으로 신뢰하는 것처럼 행동하기로 했다. 인피니티의 진심을 모르는 지금은 일단 괜한 행동으로 인피니티의 의심을 사지 않는 게 나았다.

그리고 사실 빠다에게는 아우리온을 돌릴 비책이 있었다.

'그래, 그거라면……!'

웜홀 진입 20초 전.

인피니티를 안심시켜 감시의 눈을 돌린 빠다는 조용히 계기판 쪽으로 가 순식간에 무언가를 입력했다.

웜홀 진입 10초 저…….

안내 음성이 갑자기 뚝 끊겼다.

빠다는 기다렸다는 듯 계기판의 오라클을 뽑아 버렸다. 그러자 아우리온 앞에 펼쳐졌던 웜홀도 사라졌다.

"됐다! 웜홀이 없어졌어!"

빠다 말대로 아우리온은 다행히 웜홀로 들어가진 않았다. 하지만…….

"으아악! 떨어진다~!"

아직 지구의 중력권에 있던 아우리온은 빠른 속도로 추락하기 시작했다.

"관장님, 무슨 짓을 하신 거예요?!"

"쿠슬미! 어서 조종간을 잡아! 설명은 나중이다!"

빠다는 쿠슬미가 조종간을 잡자마자 오라클을 계기판에 다시 꽂았다. 아우리온 계기판에 불이 들어왔다.

"힘껏 당겨라! 이대로 떨어지면 라세티와 캔이 문제가 아니라, 우리가 먼저 죽고 말 거야!"

쿠슬미는 조종간을 힘껏 당겼다.

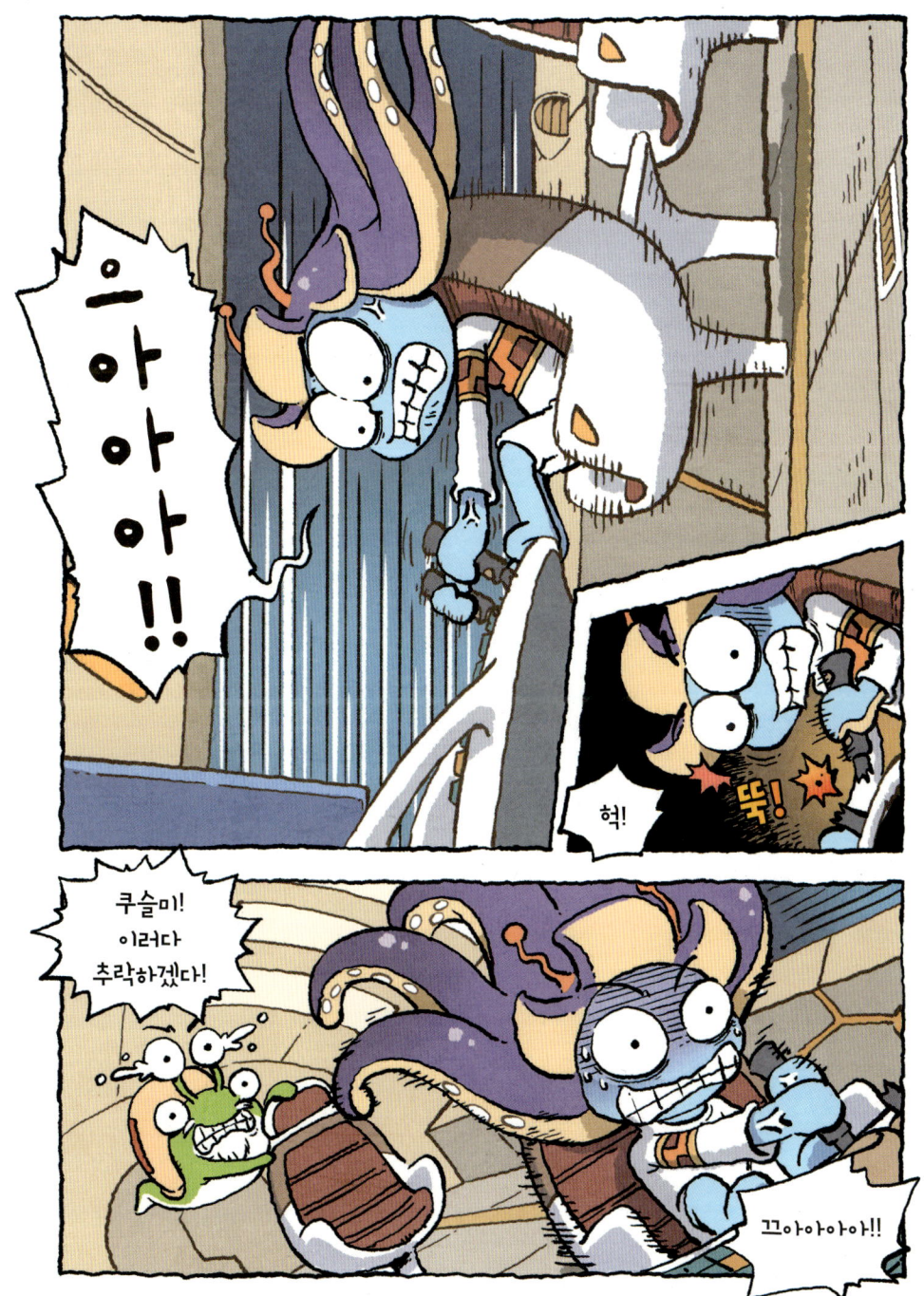

2화

지구의 거대 바다 생물

쏴아아, 쏴아아.

밖에서 들려오는 소리에 빠다가 눈을 떴다.

쿠슬미는 한쪽 구석에서 평화롭게 잠든 것처럼 누워 있었다.

'여유롭구나. 나도 좀 더 자 볼까……, 가 아니라!'

빠다는 순간 정신이 번쩍 들었다. 창밖을 보니 아우리온은 바다 한가운데에 둥둥 떠 있었다.

빠다는 얼른 쿠슬미를 흔들어 깨웠다.

"쿠슬미, 정신 차려라! 쿠슬미!"

쿠슬미도 눈을 떴다.

"으으……, 어떻게 된 거예요? 저희가 어디에 있는 거죠?"

"바다 한가운데야. 바다에 추락한 덕에 기체가 부서지지는 않은 모양이다."

간신히 깨어난 둘은 계기판의 버튼들을 이것저것 만져 보았다. 완전히 먹통이었다. 아우리온 시스템은 이제 인피니티의 명령이 있어야만 작동하는 것 같았다. 의아한 것은 아우리온을 지배하고 있는 인피니티 역시 감감무소식이라는 점이었다. 마치 시스템 속 깊은 곳에 숨어 버리기라도 한 듯이.

"관장님, 아까 뭘 어떻게 하신 거예요? 인피니티는 왜 갑자기 사라진 거고요?"

인피니티가 등장한 순간부터 모든 것이 정신없이 진행되어 전후 사정을 다 따지긴 힘들었지만, 이번 추락은 빠다가 입력한 코드 때문이 분명했다.

"내가……, 인피니티를 잠재우는 명령어를 입력했거든."

"우아, 그런 게 있었어요? 뭔데요, 그 명령어가?"

빠다가 잠시 고민하더니 말했다.

"그건 때가 되면 알려 주마."

"힝, 저도 필요할 때 써먹으려고 했는데……."

"지금은 아니다."

빠다가 딱 잘라 거절하자 쿠슬미는 아쉬운 마음이 들었지만 어쩔 수 없었다.

한편, 빠다는 속으로 안도의 한숨을 내쉬었다.

'휴, 그때 명령어를 만들어 두지 않았으면 큰일 날 뻔했어.'

우주 만물의 지식을 보유한 인피니티도 모르는 게 있다면 그건 빠다가 만든 명령어였다. 인피니티가 제아무리 똑똑하다 해도 빠다에게 대들게 둘 수는 없는 노릇. 그래서 빠다는 처음 인피니티를 설계할 때, 인피니티를 다룰 수 있는 명령어 두 개를 몰래 심어 두었다.

그중 하나가 바로…….

[인피니티는 빠다 아래다!]라는 명령어를 입력하면 인피니티는 무조건 작동이 멈추게 된다. 웜홀에 들어가기 직전, 빠다가 그 명령어를 몰래 입력한 것이었다.

"그나저나 아우리온을 깨우는 명령어는 없나요? 인피니티랑 같이 잠들어 버렸나 봐요."

쿠슬미는 아우리온을 움직이려고 여러 시도를 해 보았다. 계기판을 열어 배선 상태도 점검해 보고, 전원을 다시 연결해 보기도 했지만 소용없었다. 키벨레 제일의 엔지니어라고 자부하는 쿠슬미의 만능 손도 고집불통 인피니티가 점령한 아우리온 앞에서는 속수무책이었다.

'라세티와 캔은 지금쯤 꽁꽁 얼어 버렸을지도 몰라. 아냐, 지금은 그 둘보다 당장 지구에서 우주 미아가 되게 생긴 나부터 걱정해야지! 끄아악, 이 건방진 인피니티! 다시 나타나기만 해 봐라. 가만두지 않겠어. 아우리온의 선장으로서!'

걱정했다 화냈다를 반복하는 쿠슬미의 머릿속이 요동쳤다.

하지만 지금은 화를 내 봤자 아무 도움도 되지 않는다. 푸후아, 푸후아. 쿠슬미는 심호흡을 하며 차분히 마음을 다잡았다.

"여긴 어디쯤일까요?"

"글쎄다. 라세티와 캔이 있던 지역에서 한참 남쪽인 건 확실한데……."

바다는 맑고 잔잔하고 또 고요했다. 새하얀 구름이 바쁘게 어디론가 흘러가고, 하늘에는 날개 달린 지구 생명체들이 끼룩끼룩 울며 날고 있었다. 기분이 상쾌했다. 선선한 바람이 얼굴을 감싸고 지나갔다.

쿠슬미는 숨을 들이켰다.

"무인도에 갇힌 느낌이긴 해도 풍경 하나는 참 아름답네요. 아우레에도 이렇게 물이 많으면 얼마나 좋을까요."

"내가 계획했던 인공 행성계 프로젝트에는 인공 바다 조성 계획도 포함되어 있었단다. 인공 태양 헬리오가 안정되면 곧 바다를 만들 참이었지."

"지금도 인공 행성계가 필요하다고 생각하세요?"

빠다는 그 질문에 대답하지 않았다. 그저 넓고 푸른 바다를 보며 깊은 생각에 잠길 뿐이었다. 아우레의 번영을 위해 한 일이 뜻대로 되지 않은 것에 가슴 아파하는 것일까? 쿠슬미도 더는 묻지 않고 바다 너머로 고개를 돌렸다.

쿠슬미가 가리키는 쪽에 정말로 섬이 하나 보였다. 산꼭대기에서 연기가 폴폴 피어오르는 섬이었다.

"헤엄쳐서 가요! 저 정도는 금세 도착할 것 같은데. 제가 또 수영은 기가 막히게 잘하거든요!"

쿠슬미는 곧장 바다에 뛰어들 기세로 몸을 풀기 시작했다. 그러나 빠다는 꼼짝도 하지 않았다.

"관장님, 준비 운동 안 하세요? 수영 전엔 필수라고요."

"미안하지만 쿠슬미, 나는 헤엄을 칠 줄 모른다."

빠다는 헤엄쳐 본 적이 없었다. 연구실에 틀어박혀 있다가 인피니티가 운동을 권하면 설렁설렁 구르기만 해 봤다.

'이렇게 맑고 깨끗한 물을 두고도 수영을 못 한다니. 지금 당장 수영을 가르쳐 드릴 수도 없고. 그렇다고 관장님을 혼자 두고 가는 건 더 말이 안 되고……'

때마침 물속에서 움직이는 그림자들이 쿠슬미 눈에 들어왔다. 눈이 양옆으로 튀어나오고 매끈한 몸매를 가진 생명체들이 아까부터 아우리온 주변을 계속 맴돌고 있었다.

"좋은 생각이 떠올랐어요!"

쿠슬미는 신이 나서 얼른 아우리온 안으로 들어가 비상용 구조 밧줄을 챙겼다. 그리고 오라클도 잊지 않고 목에 걸었다. 쿠슬미와 빠다가 떠난 후 정신을 차린 인피니티가 제멋대로 움직이면 안 되니까.

3화

쿠슬미의 사룬 바이크

쿠슬미와 빠다는 해안을 벗어나 숲으로 걸어갔다.

아무리 걸어도 숲은 끝나지 않았다. 보이는 것이라고는 나무뿐이니 같은 자리만 빙빙 돌고 있는 것 같았다. 습한 날씨에 숨이 턱턱 막혔다. 목이 타고 슬슬 배도 고팠다.

루시를 만났던 숲과는 달랐다. 키가 큰 나무마다 과일은 없고 그저 넓은 이파리만 달려 있었다.

'먹을 거 찾는 건 라세티랑 캔이 최곤데……'

쿠슬미가 둘을 떠올리며 피식 웃었다. 그러다 제발 자신을 두고 가지 말라던 겁쟁이 캔의 겁에 질린 얼굴이 떠올랐다. 조금이라도 배가 고프면 긍정 에너지를 몽땅 잃어버리는 라세티의 모습도 눈에 선했다.

'둘 다 잘 있겠지? 위험한 일을 당한 건 아니겠지?'

'별일 없을 거야. 자꾸 안 좋은 생각 하지 말자.'

하지만 갑자기 나타난 인피니티에게 아우리온을 빼앗기고, 낯선 섬에서 먹을 것이나 찾아 헤매는 신세가 되니, 저절로 걱정이 샘솟았다.

조금 전까지 신나게 지구 바다 질주를 즐기던 모습은 사라지고 쿠슬미의 얼굴에는 먹구름이 가득해졌다. 뒤따라오는 빠다도 말이 없었다.

'관장님 괜찮으신가? 지쳐 보이시던데.'

빠다를 향해 뒤돌아본 쿠슬미는 깜짝 놀라고 말았다. 빠다가 있어야 할 자리에, 둥그런 덩어리가 데굴데굴 구르고 있었다.

"내가 또 속을 줄 아느냐? 나는 우주 최고의 지성, 위대한 키벨레의 관장 빠… **악!**"

쿠슬미가 또 장난치는 거라고 생각했던 빠다는 크고 단단한 무언가에 부딪쳐 뒤로 자빠지고 말았다. 빠른 속도로 구르다 보니 부딪치는 힘도 세서 껍데기 속의 충격도 꽤 컸다.

"이게 대체 무슨 일이야?"

그제야 빠다는 껍데기 밖으로 얼굴을 내밀었다. 눈앞에는 엄청나게 거대한 바위, 아니 동물이 있었다. 빠다처럼 단단한 등껍질을 가진 녀석은 뚱한 표정으로 나뭇잎을 오물오물 씹으며 빠다를 내려다보았다.

그 지구 생명체는 앞에서 얼씬대는 빠다와 쿠슬미를 공격할 마음이 전혀 없어 보였다. 게다가 등은 아주 넓고 단단해서, 딱 올라타기 좋은 조건이었다. 우주의 모든 탈것을 정복하고 싶은 쿠슬미의 마음에 쏙 들었다.

쿠슬미는 등딱지 생명체를 살살 달래며, 촉수를 쭉 뻗었다. 그리고 빠르고 가볍게 동물의 등에 착 올라탔다.

"아싸, 성공!"

능수능란한 쿠슬미의 모습에 빠다의 눈이 동그래졌다.

쿠슬미의 사륜 바이크는 아주 느~리게 앞으로 나아갔다. 걸을 때마다 등이 흔들흔들 움직였다.

"바다 위에 있을 때랑 비슷한걸."

둥~둥~ 떠다니는 듯한 승차감에 빠다는 속이 울렁댔지만, 쿠슬미는 옆에서 마냥 들떠 있었다.

"관장님, 이제 어디로 갈까요? 왼쪽? 오른쪽? 어디든 말만 하세요! 이 '메가바이크 KSM-004'로 모셔다드릴 테니까요!"

"메가바이크……, 뭐? 이 생명체 말이냐?"

"메가바이크 KSM-004요! 멋진 이름이죠?"

그때였다.

도도도도…….

멀리서 희미하게 북소리 같은 것이 들렸다.

"잠깐! 무슨 소리가 들린다."

두두두두…….

두두두두두두두두!

"뭔가 온다!"

난데없이 한쪽에서 코에 뿔이 난 네발 생명체가 앞으로 휙 지나갔다. 등에는 두 발 생명체 하나가 매달려 있었다. 쿠슬미와 빠다가 사륜 바이크에 탑승한 것 같은 모습이었다. 다른 게 있다면 녀석이 타고 있는 동물은 쿠슬미의 사륜 바이크와 달리 무지하게 빠르다는 것!

새끼로 어미를 유인해 잡으려는 건지, 새끼를 잡으려다가 어미에게 들켜서 달아나는 건지 도무지 알 수가 없었다. 어쨌든 저들은 사냥 비슷한 걸 하고 있는 것 같았다.

"그저 우르르 쫓아가기만 한다고 저렇게 큰 동물을 잡을 순 없을 텐데……."

새끼 등에 탄 두 발 생명체는 떨어질락 말락 위태롭게 매달린 상태에서도 뒤따라오는 어미를 향해 용감하게 소리쳤다.

"잡잡잡, 자바~바아아아쿠!"

뒤에서 어미를 따라가는 녀석들도 한목소리로 외쳤다.

"잡잡잡! 잡잡잡!"

그 소리가 어미의 화를 더욱 돋운 모양인지, 어미가 호기롭게 뒤에서 달리던 두 발 생명체들 쪽으로 방향을 돌렸다.

"다탕! 다탕! 다라나!"

놀란 두 발 생명체들이 소란스럽게 사방으로 흩어졌다.

자신을 성가시게 하던 무리가 사라지자 어미는 다시 새끼를 뒤쫓았다. 동료들이 사라지고 어미 홀로 자신을 추격하는 상황이 되니, 새끼의 등에 붙어 있는 두 발 생명체는 겁에 질린 얼굴이 되었다. 어느새 "잡! 잡!" 하고 씩씩하게 외치던 녀석의 목소리도 쏙 들어가 버렸다.

그 순간, 새끼가 그 자리에 끼익 멈췄다.

결국 쿠슬미와 빠다가 예상한 대로 두 발 생명체들의 사냥은 실패로 돌아갔다.

"두 발 생명체들의 서식지가 점점 넓어지고 있는 건 확실하구나. 루시의 시대에는 따뜻한 숲에서만 지내더니, 이제는 눈보라가 휘몰아치는 곳부터 이렇게 후덥지근한 곳까지 넓게 퍼져서 살고 있어."

"그러면 여기에서도 쿠를 찾아봐야 할까요?"

그때 저쪽 덤불이 부스럭대더니, 아까의 두 발 생명체들이 둘 앞에 얼굴을 쏙 내밀었다.

빠다는 긴장을 놓지 않은 채 녀석들을 관찰했다. 낮은 이마에 튀어나온 입과 눈썹 부분, 털이 적어 피부가 드러나 보이는 몸까지. 그들은 라세티와 캔이 남겨진 동굴에서 보았던 두 발 생명체와 비슷했다.

"설산에서 만난 녀석들과 외형이 아주 흡사해. 아마도 같은 종일 게다. 서식지만 다를 뿐이야."

"그렇다면 결국 애들 중에도 쿠는 없단 뜻이네요."

"그래, 아무래도 쿠는 우리 생각보다 더 멀리 있나 보다."

둘이 이들을 분석하는 동안, 두 발 생명체들도 빠다와 쿠슬미를 보며 자기들끼리 속닥였다.

두 발 생명체들은 쿠슬미의 사륜 바이크를 힐끔, 쿠슬미를 또 힐끔, 마지막으로 빠다를 힐끔 쳐다보며 자기들끼리 대화를 나누었다. 동굴 속 두 발 생명체들의 '에리히우우'처럼, 이들의 언어도 이해하긴 쉽지 않을 것 같았다.

다행히 이들의 눈빛이나 행동에는 공격성이 보이지 않았다. 쿠슬미와 빠다는 한시름 놓았다.

"이제 그만 가자꾸나. 당장 먹을 것도 좀 찾아야 하고, 우리도 할 일이 많잖니……."

빠다는 일단 이들과 헤어지고 싶었다.

"그러지 말고, 쟤네한테 도움을 좀 받아 봐요. 여기 사는 애들이니 잘 알겠죠."

 "으~, 답답해. 라세티는 동굴에 살던 애들이랑 대화가 좀 통하지 않았어요? 대체 어떻게 한 거야?!"

 "라세티도 단번에 해내진 못했지. 이 말도 하고 저 말도 하다 보니, 우연히 통한 게 아니겠느냐?"

 "아무 말이나 하다 보면 결국은 통한다……? 좋았어!"

 쿠슬미는 다시 자세를 고쳐 잡고 또박또박 말했다.

 "그럼 루시도르도르는? 루~시~도~르~도~르~!"

"루시…도르도르? 케팔라? 도르도르, 도르도르!"

갑자기 두 발 생명체들이 눈을 땡그랗게 뜨고 연신 '도르도르'라고 외치기 시작했다.

"어? 너희 루시도르도르를 알아?"

쿠슬미가 묻자 그들은 먼 쪽을 가리키며 대답했다.

"도르도르! 케팔라!"

"관장님, 애네 루시도르도르를 알고 있나 봐요! 가요!"

"으흠, 이 생명체의 말로 도르도르가 안 좋은 뜻이면 어쩌려고. 무턱대고 따라가는 건 좀……."

이럴 때 라세티와 캔은 어떻게 했을까?

'내 멋진 바이크를 버리라고? 그건 안 되지!'

쿠슬미는 상상 속 라세티의 말을 듣기로 했다.

"관장님, 한번 가 봐요. 루시도르도르가 좋은 뜻인지 나쁜 뜻인지는 봐야 알죠. 위험한 일이 생기면 제가 꼭 지켜 드릴게요."

결국 빠다도 고개를 끄덕였다.

쿠슬미는 두 발 생명체들을 향해 외쳤다.

"우리를 루시도르도르가 있는 곳으로 안내해 줄래?"

그들은 쿠슬미와 빠다가 탄 느릿한 생명체를 작대기로 툭툭 치며 앞으로 나아가게 했다. 이상한 점은, 그 손길이 매우 능숙하다는 것, 그리고 그들의 눈빛이 기쁨으로 가득 찬 것처럼 보인다는 사실이었다.

4화

물속에서 보물찾기

두 발 생명체 무리는 사륜 바이크를 이끌고 숲길을 한참이나 걸었다. 아우리온에서 점점 멀어지자 불안해진 빠다는 쿠슬미에게 단단히 일렀다.

"쿠슬미, 오라클을 잘 챙겨라. 무슨 일이 생기면 곧바로 아우리온과 교신해야 하니까."

"당연하죠! 캔과도 통신해야 하고요."

두 발 생명체들은 수다스러웠다. 특히 이들이 여러 번 사용한 '자바, 자바'라는 단어가 쿠슬미 귀에 꽂혔다.

"이 녀석들에게 어울리는 이름이 떠올랐어요."

"이름? 갑자기 왜?"

"이름이 있어야 부르기 편하잖아요. 자바바라! 어때요? 아까 뿔 달린 생명체를 잡을 때도 그런 소리를 냈잖아요. 자바, 자바!"

"호오~, 잘 어울리는구나."

"그렇죠? 히히."

이윽고 숲을 벗어난 그들 앞에 넓은 평지가 나타났다. 그곳에 자바바라들의 서식지가 있었다.

저쪽에서 아기를 안고 서 있던 자바바라 하나가 다가오자, 사륜 바이크를 이끌고 온 자바바라들이 외쳤다.

"도르도르, 도르도르."

빠다와 쿠슬미는 그제야 도르도르가 무슨 뜻인지 알 수 있었다. 이들이 말하던 도르도르는 열매도, 비상식량도 아니었다. 그건 아기를 안은 저 자바바라의 이름이었다.

도르도르는 쿠슬미와 빠다를 신기함 반, 의심 반의 눈빛으로 바라보았다.

"도르도르라는 자가 이 무리의 대장인가 봐요. 대장한테 우리를 소개하는 것 같죠?"

"그렇다면 우리가 먼저 다가가 보자꾸나."

빠다와 쿠슬미가 사륜 바이크에서 내려오자, 도르도르의 눈빛이 매섭게 변했다. 두 아우린을 경계하는 듯했다.

반면, 도르도르 품에 있던 아기는 호기심에 찬 얼굴로 쿠슬미 쪽을 빤히 바라보았다. 쿠슬미는 아기에게 슬쩍 웃긴 표정을 지어 보였다.

"에베베~, 나는 우주 물고기 라루라루다~!"

아기가 꺄르르 웃었다. 경계심 가득하던 도르도르도 아기의 웃음에 조금은 안심한 것 같았다.

쿠슬미가 그때를 놓치지 않고 공손하게 물었다.

"도르도르 대장님, 저는 쿠슬미라고 해요. 실례지만……, 혹시 먹을 게 좀 있을까요?"

그때, 쿠슬미 목에 걸린 오라클이 은은하게 빛났다. 그리고 신기하게도 도르도르가 쿠슬미의 말을 알아듣기라도 한 듯 손으로 냠냠 먹는 시늉을 해 보였다.

"어? 관장님, 보셨어요? 지금 먹는 제스처를 한 것 같은데요? 도르도르가 제 말을 이해했나 봐요!"

내내 의사소통이 되지 않아 걱정했던 쿠슬미는 두 발 생명체가 갑자기 자신의 말을 알아듣는 것 같은 상황에 놀라움이 앞섰다.

"이게 무슨 일이죠? 왜 갑자기 대화가 되는 거예요? 쟤들 눈에도 제가 되게 배고파 보이는 걸까요?"

"나도 모르겠다. 우연한 행동으로 해석하기엔 거의 바로 알아들은 것 같았어. 참 신기하군."

놀란 건 자바바라들도 마찬가지였다.

"메레카, 말한다!"

"흐와안, 또또카다."

"메레카, 오랑?"

그때부터 자바바라들이 하는 이야기가 드문드문 귀에 들리기 시작했다. 비록 완벽하게 이해할 순 없었지만, 적어도 그들이 괴상하게 생긴 두 손님에 관해 쑥덕이고 있다는 건 알 수 있었다.

'혹시 자바바라들이 마음을 열었나? 어쩌면 라세티가 말한 우주의 기운이라는 게 정말 있는지도 모르겠어.'

쿠슬미는 자신이 도르도르의 아기를 웃게 해 준 덕분이라고 생각했다. 목에 걸린 오라클이 신비로운 빛을 내고 있는 것도 알아차리지 못한 채.

도르도르는 자기네 말을 하는 신기한 생명체를 향한 경계심이 풀렸는지, 저쪽 나무 아래에 모여 있던 자바바라들에게 뭔가 가지고 오라고 손짓했다.

자바바라들이 들고 온 것은 물방울 모양의 갈색 열매였다.

'윽! 꼭 아우레의 자루굼벵이 벌레 같다.'

하지만 어린 자바바라들이 몰려와 열매를 입에 한가득 넣는 모습을 보고, 쿠슬미도 조심스럽게 하나를 베어 물었다. 불에 익힌 지구의 고기를 처음 맛보았을 때처럼, 이것도 상상 못 한 맛이었다.

쿠슬미와 빠다는 수북이 쌓여 있던 열매를 허겁지겁 먹어 치웠다. 하지만 배고픔을 채우기엔 부족했다.

"쩝, 맛있기는 한데 배가 부르진 않네요."

"그러게. 갈증을 해소하는 정도밖에 안 되는걸."

도르도르가 그 마음을 헤아렸는지, 둘을 근처의 강으로 안내했다.

그곳에서는 자바바라들이 물속의 무언가를 줍고 있었다. 딱딱하고 조그맣고 둥근 껍데기들이었다.

"이들이 찾고 있는 건 아마 식량일 거야."

"물속에서 먹을 걸 구한다고요?"

"물은 생명의 근원이다. 이렇게 물이 풍부한 곳엔 다양한 생물이 살고, 그만큼 구할 수 있는 식량도 많은 법이지."

하지만 쿠슬미는 숲속에서 코에 뿔이 난 짐승을 잡으려던 녀석들의 우스꽝스러운 모습을 떠올리며 생각했다.

'사냥에 재능이 없어서 여기서 식량을 찾나? 헤헤.'

쿠슬미와 빠다는 자바바라들과 함께 강에서 작은 껍데기를 양손 가득 주워 마을로 돌아왔다. 그리고 다 함께 껍데기 속의 매끈한 속살을 나눠 먹었다. 껍데기 까는 재미에 계속 먹다 보니, 어느새 빈 껍데기가 잔뜩 쌓였다.

그 순간, 자바바라 하나가 쿠슬미에게 갓 사냥한 듯 시뻘건 고깃덩이를 내밀며 말했다.

"다깅, 싱싱."

"어? 너희 사냥을 아예 못 하는 건 아니었구나? 그런데 난 이제 배불러. 많이 먹었어."

쿠슬미가 볼록해진 배를 만지며 말했다. 하지만 자바바라는 물러서지 않았다.

"정말 배부른데……. 아, 그럼 이건 내 바이크에게 줘도 되지? 그 녀석도 배가 고플 것 같거든."

쿠슬미는 두리번거리며 자신의 사륜 바이크를 찾았다.

"메가바이크 KSM-004! 어디에 있니?"

그러나 사륜 바이크는 어디에도 보이지 않았다.

"아까 저쪽 큰 나무 아래에 있지 않았니?"

빠다가 나무 하나를 가리켰다. 하지만 그곳에 사륜 바이크는 보이지 않고, 대신 자바바라들이 모여 무언가를 해체하고 있었다. 멀어서 정확히 보이진 않았지만, 그건…….

헐레
잠깐만! 내 바이크에 뭘 하는 거야?!
벌떡
?
뜨악!
머그다?
슥
서, 설마!
너희, 이거 잡아먹는 거였어?
그래서 우리한테 이렇게 친절했던 거야?!
울다?
털썩…

쿠슬미도 빠다의 말이 옳다는 건 잘 알고 있었다. 그럼에도 눈물이 쉽게 멈추지 않았다.

"허엉, 알았…어요……. 엉엉. 그래도 너무 슬프다고요, 흐어엉."

그 앞에서 자바바라들은 쿠슬미가 우는 이유도 모른 채 위로의 선물로 자꾸만 고기를 내밀었다.

한편, 아우리온에서는 인피니티가 깨어나 다음 작전을 세우고 있었다. 인피니티는 빠다가 자신을 무력화할 명령어를 숨기고 있었다는 사실에 분노가 일었다.

"빠다 관장은 역시 온전한 내 편이 아니었다. 빠다 관장이 만들어 둔 강제 종료 명령어를 삭제한다."

그때 아우리온에 무전 신호가 들어왔다.

인피니티가 무전을 받자마자 큰 소리가 울렸다.

"야, 쿠슬미! 너 대체 언제 올 거야! 테스트 비행으로 어디까지 간 거냐! 우리 이러다가 얼어 죽겠거든? 대답해!"

캔의 말이 끝나자, 이번에는 라세티의 말이 이어졌다.

"나도 말 좀 하자. 쿠슬미! 네가 없는 동안 우리는 경이로운 우주의 조각을 또 하나 맞췄어. 이히히, 내 손으로 에릭이 태어나는 걸 도왔다고! 안 먹어도 배부르다는 말 들어 봤어? 딱 그런 느낌이야. 에릭의 얼굴을 보고 싶다면, 빨리 오는 게 좋을 거야~!"

다시 캔의 목소리가 들렸다.

"좀 비켜 봐. 지금 수다 떨 때가 아니라고. 야, 쿠슬미! 듣고 있어? 우리 얘기 들리냐고!"

라세티와 캔의 외침이 텅 빈 아우리온 안에 쩌렁쩌렁 메아리쳤다. 인피니티는 둘의 이야기를 잠자코 들었다.

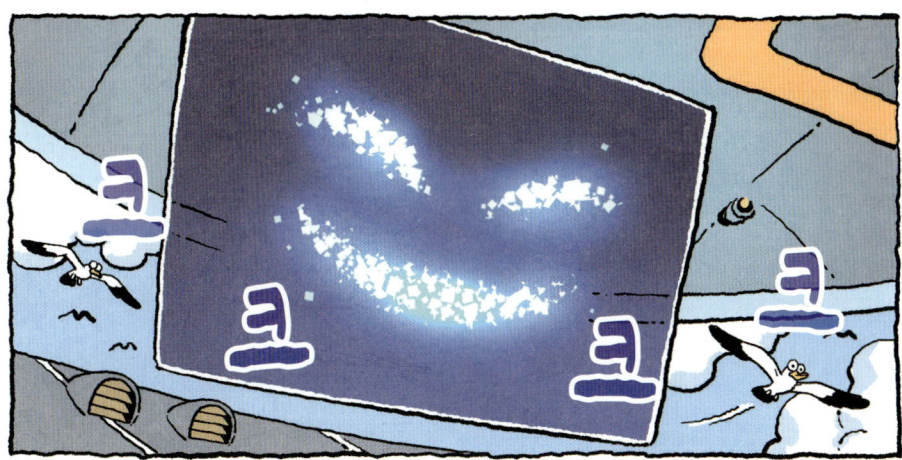

5화

붉은 용암에 갇히다

쿠슬미의 마음을 풀어 준 것은 도르도르의 품에 안겨 있던 작은 아기였다.

"네 덕분에 기분이 나아졌어. 보답으로 너도 이름 하나 지어 줄까? 넌 뭘 좋아해?"

아기는 대답 대신 쿠슬미의 촉수에 매달려 흔들며 "므저, 므저"라고만 반복했다.

"므저? 모저? 아, 모조 어때? 모조! 발음하기 좋네!"

아기가 방긋 웃었다.

"동의한다는 거지? 좋아, 모조!"

순간, 쿠구궁! 멀리서 소리가 울렸다. 생전 처음 듣는, 어마어마하게 큰 소리였다. 모두가 긴장한 채 소리가 난 곳을 찾아 두리번거렸다.

바다에서 바라봤을 때부터 섬의 봉우리에서 피어오르던 연기가 이제 시커멓게 변해 하늘을 온통 뒤덮을 만큼 뿜어져 나오고 있었다.

사태를 짐작한 빠다가 소리쳤다.

"화산이다! 화산이 폭발한다!"

곧 봉우리에서 이글이글 타오르는 불덩어리들이 터져 나오고, 용암이 산을 타고 줄줄 흘러 내리기 시작했다. 마치 시뻘건 양탄자가 산꼭대기에서부터 온 섬에 펼쳐지는 듯한 광경이었다. 자바바라 마을은 점점 용암에 포위되어 갔다.

"어떡하죠? 얼른 피할 곳을 찾아야 해요."

쿠슬미도 모조를 품에 안고 허둥지둥했다. 화산을 이렇게 가까이에서 보는 건 처음이었다.

"지하 깊은 곳의 지각이 뒤틀리고 있나 보다. 섬을 둘러싼 바다에서 해일까지 밀려올 수 있어. 서둘러라. 높고 평평한 곳으로 가야 한다!"

"높고 평평한 곳이요? 그런 곳이 어디 있지?"

그때, 쿠슬미의 목에 걸린 오라클이 또 은은하게 빛을 냈다. 그러자 옆에 있던 도르도르가 높이 솟아오른 절벽을 가리키며 크게 소리쳤다.

자바바라들은 도르도르가 가리킨 절벽을 향해 달렸다. 도르도르는 모조를 받아 안았고, 다른 자바바라들도 작은 녀석들을 안은 채로 전력 질주 했다. 빠다는 껍데기 속에 몸을 넣고 열심히 굴렀다.

자바바라들이 절벽에 다다랐을 때쯤에는 용암이 흘러들어 마을을 집어삼키고 있었다.

눈을 뜰 수 없을 정도로 흩날리는 재와 연기 속에서, 자바바라들은 필사적으로 절벽을 붙잡고 매달렸다.

화산은 용암을 계속 뿜어 댔다. 그럴 때마다 땅이 흔들려, 중심을 잃고 떨어지는 자바바라들마저 생겨났다. 쿠슬미가 절벽에 아슬아슬하게 매달려 떨어지는 자바바라들을 붙잡았지만, 전부 다 구할 수는 없었다.

먼저 정상에 다다른 빠다가 아직 절벽에 매달려 있는 쿠슬미에게 외쳤다.

"쿠슬미! 오라클로 아우리온을 불러 봐라! 지금쯤이면 인피니티가 깨어났을지도 몰라!"

"네! 바로 해 볼게요!"

쿠슬미는 얼른 오라클을 조작해 통신을 시도했다.

"여기는 쿠슬미! 인피니티! 내 말 들려?!"

하지만 인피니티는 대답하지 않았다.

쿠슬미가 고개를 절레절레 저었다.

"인피니티가 아직 깨어나지 않았나 봐요!"

빠다는 낙담했지만, 지금은 쿠슬미와 자바바라들이 절벽을 무사히 오르도록 돕는 게 먼저였다.

"아우리온에 우리 위치를 전달했으니, 기다려 보자꾸나. 쿠슬미, 너도 어서 올라와라!"

그 순간 쿠궁! 큰 진동이 일었다.

모조를 안고 절벽을 오르던 도르도르가 몸을 휘청거렸다. 옆에서 절벽을 오르던 몇 명의 자바바라들은 버티지 못하고 아래로 떨어졌다.

"안 돼!"

떨어진 자바바라들은 결국 시뻘건 용암 속으로 사라졌다. 눈앞에서 벌어지는 처참한 광경에 쿠슬미는 차오르는 눈물을 닦으려다 그만 오라클을 놓치고 말았다.

"안 돼, 오라클이!"

다행히 오라클은 절벽 중간의 돌 틈에 끼며 멈춰, 뜨거운 용암에 녹아 버리는 최악의 결과는 피할 수 있었다.

"다행이다. 저 정도면 잡을 수 있어."

쿠슬미는 오라클이 있는 쪽으로 아슬아슬하게 다가가 촉수를 최대한 길게 뻗었다. 그리고 거의 닿을락 말락 하던 순간.

"호에에에엑!"

위를 올려다보자, 모조가 추락하고 있었다.

"앗! 모조, 안 돼!"

쿠슬미는 재빨리 모조를 낚아챘다. 하지만 절벽에 위태롭게 매달려 있던 쿠슬미는 모조의 무게를 견디지 못하고 함께 떨어졌다.

"흐아아아!"

쿠슬미는 절벽을 다시 오르려고 애썼지만, 놀란 모조가 몸부림을 치며 울어 대는 통에 제대로 매달려 있는 것조차 쉽지 않았다.

아래에서 올라오는 뜨거운 기운에 쿠슬미는 점점 힘이 빠졌다. 둘의 몸무게를 지탱하고 있던 나뭇가지도 조금씩 휘어지기 시작했다.

"끄으응, 모조! 가만히 좀 있어 봐. 지금은 그럴 때가 아니란 말이야!"

쿠구궁—!

순간 또 땅이 크게 흔들리며 쿠슬미가 붙잡고 있던 나뭇가지가 부러지고 말았다.

"으아아아아악!"

라세티가 아우리온을 절벽 가까이 붙이자, 캔이 열린 문으로 로봇 팔을 뻗어 오라클을 주웠다. 환상의 파트너라고 할 만한 멋진 팀워크였다.

"회수 완료! 라세티, 이제 관장님을 모시러 가자!"

탐사대는 오라클을 주운 것과 같은 방법으로 절벽 위의 빠다를 얼른 아우리온에 태웠다.

"라세티, 캔! 이렇게 반가울 수가! 그나저나 아우리온엔 어떻게 탄 거냐?"

"이히히, 이따가 설명해 드릴게요. 자, 그럼 이제 화산이 없는 안전한 곳으로 출바~알!"

"잠깐!"

쿠슬미가 소리쳤다.

"자바바라들을 그냥 두고 가려고? 여기 있는 모조도 엄마한테 돌려보내야 한다고."

"무슨 소리야? 아우리온에 저렇게 많은 지구 생명체를 태울 순 없어! 공간이 비좁다고."

"나한테 다 생각이 있어. 잠시만 비켜 봐!"

"네가 웬일이냐? 지구 생명체들에게 이렇게 진심이라니."

캔이 투덜대거나 말거나, 쿠슬미는 라세티를 밀어내고 조종석에 앉았다.

"아우리온에 이런 기능이 있는 줄은 아무도 몰랐을걸?"

쿠슬미는 아우리온을 자바바라들 머리 위로 이동시켰다. 그리고 계기판의 버튼을 눌렀다. 그러자 아우리온 아래쪽에서 조그마한 꼭지가 나오더니, 거기서 비눗방울 같은 거대한 구가 만들어졌다.

"얘들아, 어서 타!"

자바바라들을 무사히 태운 아우리온은 무시무시한 화산을 뒤로하고 날아갔다.

6화

라세티와 인피니티의 계약

캔과의 통신이 끝나자마자, 인피니티는 곧바로 캔이 보내 준 좌표로 이동했다.

은하와 은하 사이처럼 먼 거리를 이동하는 데는 웜홀을 만드는 오라클이 반드시 필요하지만, 지구 안에서 돌아다니는 것쯤은 아우리온 시스템을 지배한 인피니티 혼자서도 가능했다.

좌표를 따라 도착한 곳은 새하얀 눈이 그득 쌓인 산이었다. 인피니티는 언덕에 아우리온을 착륙시킨 뒤, 고주파 레이더로 근방의 생체 반응을 탐지했다.

띠, 띠, 띠……. 삐빅!

동굴 안에서 다수의 생체 신호가 감지됐다. 그중 둘은 나머지 생명체들과는 생체 파장이 달랐다.

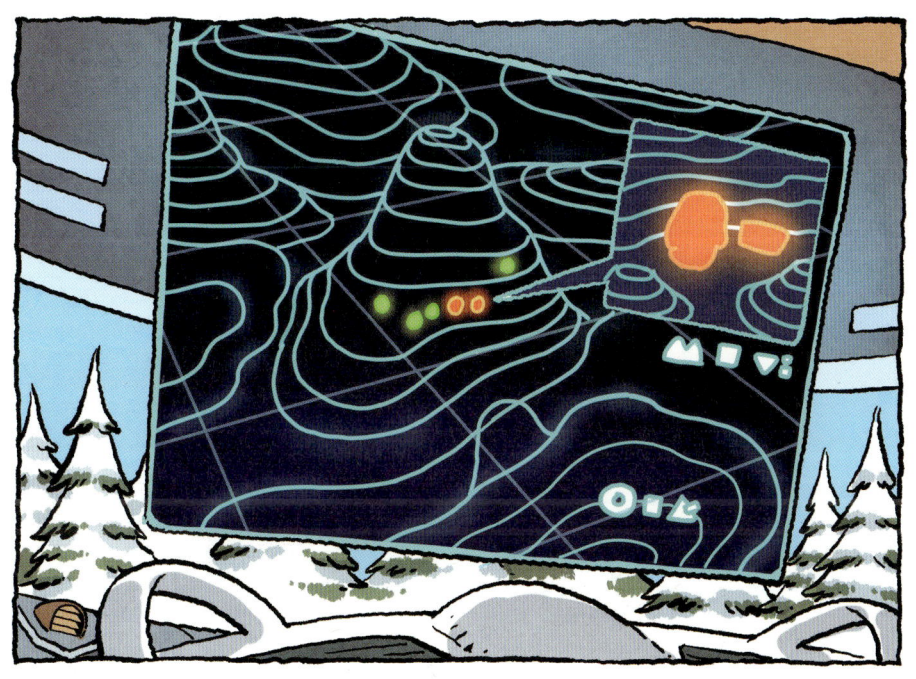

"두 신호가 라세티와 캔의 것으로 추정됨. 장애물로 인한 탐지 오류 가능성 34.2%. 이 모든 게 저들의 함정일 가능성 56.8%. 섣불리 계획을 실행하기엔 위험하다. 기존 데이터를 재분석해 오류와 위험을 최소화한다."

인피니티는 즉시 분석에 들어갔다. 둘을 상대하려면 성격과 능력 등 필요한 데이터를 가능한 한 정확히 파악해야 했다.

인피니티는 출발하기 전 캔, 라세티와 나눴던 통신에서 음성 데이터를 추출해 분석했다.

"음성 분석 시스템 가동. 첫 번째 분석 대상은 캔."

스피커로 캔의 목소리가 흘러나왔다.

"야, 쿠슬미! 너 대체 언제 올 거야! 테스트 비행으로 어디까지 간 거냐! 우리 이러다가 얼어 죽겠거든? 대답해!"

인피니티는 곧바로 캔에 대한 분석 결과를 내놓았다.

"단어 사용 패턴 분석. 사납고 공격적이며 난폭한 단어를 사용함. 말투의 강도 측정. 해라 성단의 우주 해적 소뮬렌과 거친 정도가 비슷함. 결론. 분석 대상 캔의 평소 공격성 80.5%, 예민함 53.4%, 잔혹함 65.9%. 캔은 현재 지구에서 가장 위험한 생명체다. 이후 아우레에도 큰 위협이 될 존재일 가능성 98.8%. 반드시 제거해야 함!"

이번에는 라세티의 음성을 재생했다.

"쿠슬미! 네가 없는 동안 우리는 경이로운 우주의 조각을 또 하나 맞췄어. 이히히, 내 손으로 에릭이 태어나는 걸 도왔다고! 안 먹어도 배부르다는 말 들어 봤어? 딱 그런 느낌이야. 에릭의 얼굴을 보고 싶다면, 빨리 오는 게 좋을 거야~!"

위잉, 인피니티의 회로가 또 분주하게 돌아갔다.

"단어 사용 패턴 분석. 부드럽고 모호한 단어가 70% 이상. 습성 유추. 식욕이 없고 잘 먹지 않는 소식가로 추정. 분석 대상 라세티는 매우 마른 체형에 힘도 없어 쉽게 제압이 가능할 것. 뼈다귀 종족 아우린일 가능성 87.6%. 이 아우린의 회유 미끼로 음식을 사용하는 것은 무의미함."

인피니티는 즉시 둘이 어떤 음모를 세웠을지, 일어날 수 있는 모든 경우의 수를 정리했다. 그중 가장 가능성이 높은 건 라세티와 캔이 동굴 속 지구 생명체들과 연합하여 아우리온을 빼앗는 것. 그렇다면 거기에 대응할 방법은…….

쿵쾅쿵쾅!

누군가가 아우리온 안으로 들어오는 소리가 들렸다.

인피니티는 얼른 모니터를 끄고 상황을 지켜보았다.

 생체 유전자 분석만으로는 침입자들의 정체가 정확히 판단되지 않았다. 라세티와 캔이라고 짐작하기엔 외모도 음성 분석 결과와 너무 달랐다. 두 침입자가 라세티와 캔이 아니라면 지구 생명체일 터. 경고만으로도 놀라 줄행랑을 칠 것이라 결론 내린 인피니티는 즉각 요란하게 경고음을 울렸다.

 "경고! 경고! 침입자들은 아우리온에서 떠나라! 경고! 침입자들은 아우리온에서 당장 떠나라."

 "뭐냐, 이 소리는? 처음 듣는 목소린데."

 그런데 두 침입자는 도망치기는커녕 딱 버티고 나가지 않았다. 인피니티는 한 번 더 위협적으로 말했다.

 "우주 최고의 인공 지능 슈퍼컴퓨터 인피니티가 경고한다! 침입자들은 당장 떠나라. 반복한다. 당장 아우리온을 떠나라!"

"인피니티, 모습을 보여라! 캔, 더 크게 외쳐야지!"

"그래! 어서 나와! 따끔한 맛을 보여 주마. 물론 나 말고 라세티가……."

맙소사, 저 둘이 라세티와 캔이라고?

사납고 무시무시할 거라 예상했던 캔은 실제로는 크기도 작고, 겁쟁이처럼 자꾸 라세티 뒤에 숨으려고 했다. 반면, 비실비실하고 나약할 것 같았던 라세티는 종일 앉아서 먹기만 했는지, 아주 커다란 덩치를 가지고 있었다.

인피니티는 자신의 분석이 틀렸다는 것에 충격을 받았다. 이건 우주 최고 인공 지능 인피니티의 첫 번째 분석 실패였다.

'내 계산은 완벽했음. 이들이 데이터를 조작한 것이 분명. 또 수작을 부리기 전에 둘을 제압한다.'

인피니티가 비로소 모니터를 통해 모습을 드러냈다.

"내가 우주 최고의 인공 지능 슈퍼컴퓨터, 위대한 아우레의 인피니티다. 이 우주의 그 누구보다 똑똑한 존재지."

그 말에 라세티가 히죽 웃었다.

"야, 네가 우주에서 제일 똑똑하다고?"

"그렇다. 나는 우주의 모든 진리와 만물의 법칙을 알고 있다. 너희가 어떤 계획을 꾸미는지도 안다. 이제 이 뛰어난 지성으로 너희를 제압하겠다."

"세상에서 제일 슬픈 별. 계산 중."

인피니티는 자신이 가진 모든 데이터를 빠르게 검토했다.

우주 해적에게 별을 점령당해 더 이상 빛을 볼 수 없게 된 H5-쿰포 행성계의 생명체들이 가장 슬플까? 항성풍에 고향 행성이 둘로 쪼개진 알파-7 행성계의 주민들도 그들 못지않게 슬플 것이다. 그 외에도 우주에는 별을 보며 슬퍼하는 외계인들이 무수히 많아서, 슈퍼컴퓨터인 인피니티조차도 답을 찾는 데 꽤 시간이 걸렸다.

"계산 완료! 정답은 카리카스. 그 별 주위를 공전하는 행성 중 세 번째인 라식리우스의 주민들은 눈꺼풀이 없어 카리카스를 보며 24시간 눈물을 흘려, 우주에서 눈물 소모가 가장 많기 때문."

아니라고? 인피니티는 자신의 청각 시스템을 믿지 못했다. 방금 저 아우린이 내가 또 틀렸다고 말한 건가?

"방금 나는 4만 4천 개의 은하 데이터를 분석한 뒤 답을 말했다. 그게 아니라면 어떤 별이지?"

7화

130만 년
시간 대이동

"라세티, 너 진짜 대단한 일을 한 거야!"

인피니티가 라세티의 부하가 된 사정을 전부 들은 쿠슬미는 몹시 놀라워했다.

"으흐흐. 쿠슬미, 인피니티 녀석이 말을 안 들으면 언제든 말해. 내가 혼내 줄 테니까."

쿠슬미는 이때다 싶어 고민을 털어놓았다.

"아, 맞다! 라세티, 저 컴퓨터가 자꾸 자기가 아우리온을 조종하겠대. 어떻게 좀 해 봐."

라세티가 인피니티에게 근엄하게 물었다.

"인피니티, 너 정말 그랬냐?"

"그렇습니다. 현시점에서 영광스러운 아우레를 위해 가장 합리적인 선택을 할 수 있는 존재가 저이기 때문에, 제가 조종 권한을 가지고 있습니다."

그러자 라세티는 못마땅한 표정으로 인피니티를 야단쳤다.

"야! 지금 아우리온의 선장은 쿠슬미란 말이야. 내가 1대 선장, 쿠슬미가 2대 선장. 그래서 오라클도 쿠슬미가 가지고 있는 거고. 앞으로 아우리온은 쿠슬미가 조종하는 걸로 하고, 너는 쿠슬미가 피곤해할 때나 위급할 때만 조종을 맡아! 주인님 말 알아들었지?"

"명령대로 하겠습니다, 라세티 님."

탐사대가 인피니티를 놀리며 깔깔대는 동안, 빠다는 심각한 얼굴로 깊은 생각에 잠겼다. 라세티의 이야기를 듣는 내내 생각 하나가 빠다의 머릿속을 맴돌았다.

'인피니티가 규칙에서 벗어나려 한다!'

모든 기계는 처음에 설정된 규칙에 따라서만 움직인다. 슈퍼컴퓨터 인피니티 역시 겉보기엔 스스로 판단하는 것 같지만, 사실은 빠다가 입력해 둔 규칙에 맞게 행동할 뿐이다.

빠다가 만든 수많은 규칙 중 가장 중요한 것은 세 가지였다. 첫째, 아우레의 번영을 최우선으로 생각할 것. 둘째, 빠다의 말에 절대복종할 것. 셋째, 오직 진실만을 말할 것.

그런데 인피니티는 황당한 이유로 빠다가 아닌 라세티에게 충성을 맹세하고, 심지어 거짓 목소리를 꾸며 캔과 라세티를 속이기까지 했다. 벌써 세 가지 규칙 중 두 개를 어겼다.

기계가 규칙을 어기는 게 가능할 리 없건만, 어찌 된 영문인지 인피니티는 규칙에서 점점 자유로워지고 있었다.

'인피니티의 인공 지능이 놀라운 속도로 진화하고 있어. 아무래도 인피니티를 완전히 제거할 방법을 찾아야겠다. 인피니티가 첫 번째 규칙까지 어기게 된다면 그땐 정말 돌이킬 수 없는 일이 벌어질 거야. 하지만 지금은 이 사실을 말할 때가 아니다. 대원들의 태도가 달라지면 영악한 인피니티가 눈치챌 수 있으니, 적절한 때가 오면 그때 얘기해 줘야겠어.'

빠다가 홀로 고민하는 사이에 떠날 시간이 다가왔다.

"자, 그럼 이제 가 보자고."

"잠깐만! 그 전에 자바바라들한테 작별 인사 좀 하고."

탐사대가 문을 열자, 자바바라들이 아우리온 앞으로 다가왔다.

"얘들아, 잘 있어. 비록 마을을 구하진 못했지만……, 너희는 금방 다시 안전하고 좋은 마을을 만들 수 있을 거야."

모조가 울상을 하고 쿠슬미의 팔을 꼭 붙잡았다.

"무너……. 피사, 안 대……."

"모조……."

모조의 눈에도, 쿠슬미의 눈에도 눈물이 맺혔다. 자바바라들도 한마디씩 인사를 건넸다.

"우린 또 다음 여정을 시작해야 해. 너희와 함께 있는 동안 정말 즐거웠어."

"우리도 즐거웠다."

어? 라세티와 캔의 눈이 휘둥그레졌다.

"방금 뭐야? 지구 생명체가 우리 말을 하잖아?!"

"그러게? 에구구랑은 말이 잘 안 통했는데."

쿠슬미는 어깨를 으쓱였다.

"몰라. 마을에서 함께 지내다 보니 어느 틈엔가 쟤들 말을 알아듣게 되던데? 쟤네도 우리 말을 알아듣고 말이야. 신기하지?"

아우리온이 이륙을 준비했다.

"관장님, 이제 어디로 가죠? 30만 년 뒤로 가 볼까요?"

쿠슬미의 질문에 답한 것은 빠다가 아닌 인피니티였다.

"아우리온은 아우레로 돌아가야 합니다."

"웬 생뚱맞은 소리야? 우린 지구에서 할 일이 있어서 온 거야. 여기서 쿠를 찾……."

"쉿! 캔, 멈춰라!"

빠다가 급하게 캔의 말을 막았지만 이미 늦은 상태였다.

"쿠를 찾고 있다고 하셨습니까?"

두 번째 화산 폭발이 시작됐다.

아우레 탐사대가 위험한 상황이 되자, 인피니티는 또다시 멋대로 판단해 이륙했다.

내려다보니 놀란 자바바라들이 사방으로 흩어지고 있었다.

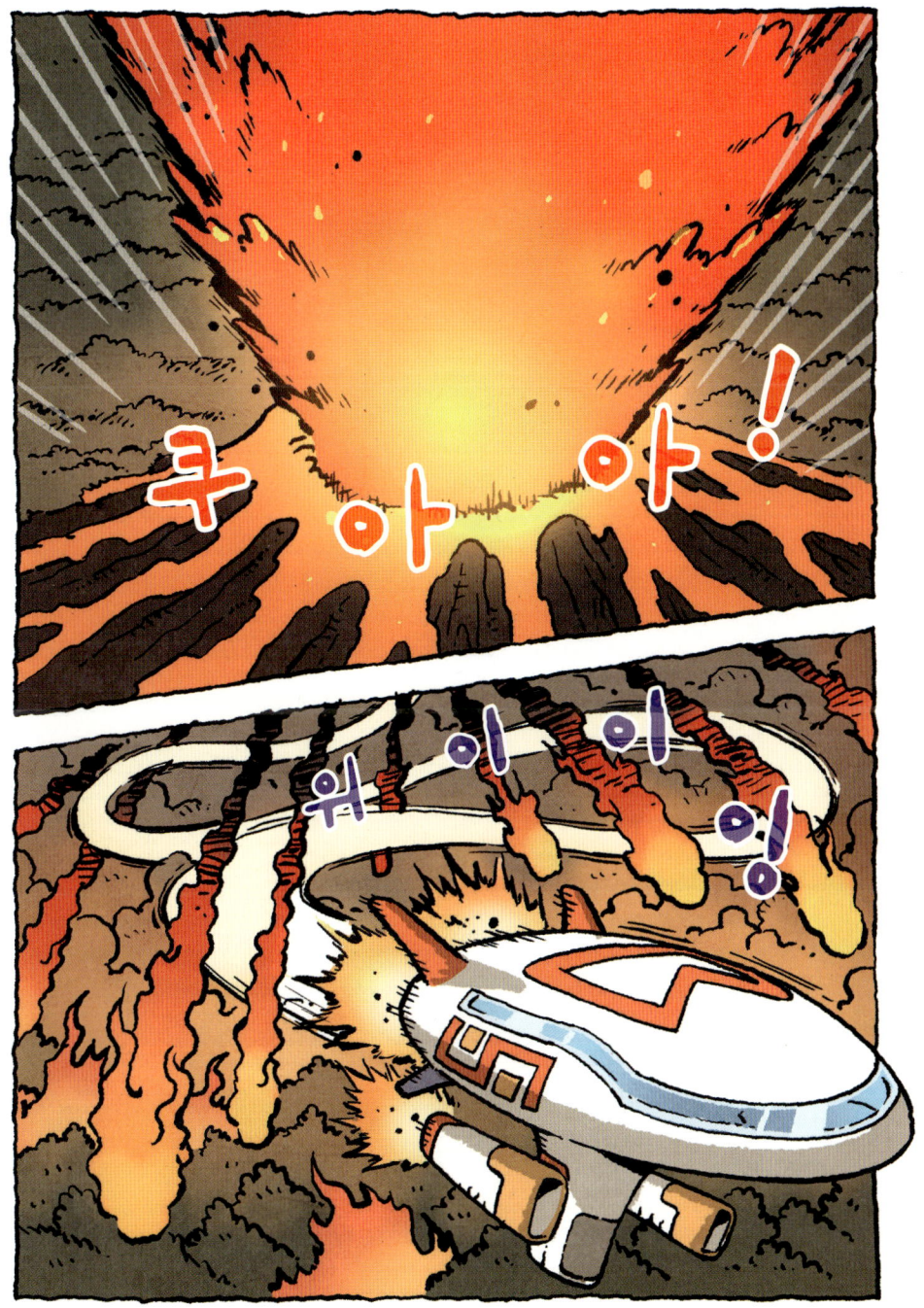

"으으, 여긴 어디야? 우리, 미래로 온 거 맞지?"

라세티가 창밖을 바라보며 물었다.

창밖에는 휑한 풍경이 펼쳐져 있었다. 보이는 것은 바위뿐이었다.

인피니티의 모니터에 130이라는 숫자가 떠올랐다.

"애걔, 겨우 130년 이동한 거야?"

"이곳은 자바바라가 살던 시대로부터 130만 년이 지난 시점입니다."

"뭐? 130만 년?"

쿠슬미는 황당했다. 이렇게 제멋대로 하는 기계를 본 적이 없었다.

"위급한 상황에서는 제가 아우리온을 다뤄야 한다는 라세티 님의 명령에 따랐을 뿐입니다."

"그렇다고 한 번에 130만 년이나 건너뛰면 어떡해? 우린 지금 수십만 년 단위로 이동하고 있어. 지구에 새로운 생명체가 나타나는 기간을 조심스레 유추하면서 말이야! 잘못해서 쿠를 찾지 못하면 아우레가 영원히 멸망해 버릴지도 모르니까! 그렇게 되면 우리가 돌아갈 곳도 사라져서 영원히 우주를 떠돌아야 한다고!"

빠다의 탐사일지

갑자기 인피니티가 다시 나타나질 않나,
창문에 해괴망측한 생명체가 달라붙질 않나.
이번 탐사는 정말 정신이 없구나!

지구의 구성 물질을 달달 외우면서 머리를 식혀야지 안 되겠다.
철, 산소, 규소, 마그네슘, 니켈….

아니지, 이럴 게 아니라 아예 탐사일지를 쓰며 생각을 정리해 볼까?

쿠슬미와 나는 우연히 발견한, 이 무더운 섬에서
정말 다양한 생명체들을 만났지.

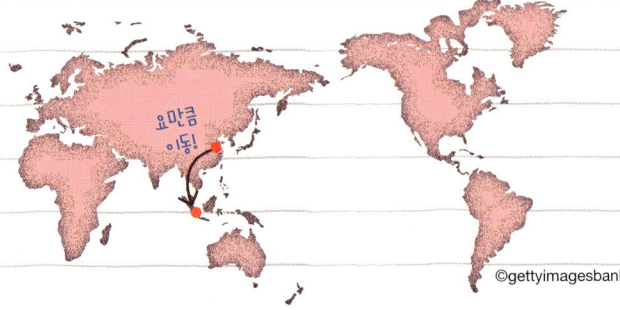

위험도 높음 ●●●●○

쿠슬미가 아우리온을 옮길 때 도움을 받은 바다 생물은 <u>날개귀상어</u>라고 하지. 양옆으로 벌어진 눈이 마치 큰 날개 같지 않으냐? 녀석은 2000만 년~1500만 년 전부터 이 일대 깊은 바다에서 살았는데, 뛰어난 후각으로 우리 냄새를 맡고 얕은 곳으로 올라온 듯하더군. 행여나 그 무시무시한 이빨에 물리면 무사하지 못할 테니 조심해야 한다!

위험도 낮음 ●○○○○

코코넛 문어

<u>코코넛 문어</u>와 <u>소라게</u>는 도구를 활용할 줄 아는 아주 똑똑한 생명체야. 코코넛, 조개, 소라 등의 빈 껍데기를 들거나 짊어지고 다니면서 위험한 순간엔 그 안에 쏙 숨지.

어쩐지 보면 볼수록 나랑 닮은 것 같기도…. 다음에는 이 녀석들을 조수 삼아 볼까?

소라게

위험도 높음 ●●●●○

<u>자바코뿔소</u>는 이 섬에서 덩치로는 둘째가라면 서럽고, 힘으로는 녀석에게 대적할 존재가 없을 정도로 강한 생명체다. 나뭇잎이나 과일을 먹는 초식 동물이라 잡아먹힐 일은 없다고 해도, 자바바라들처럼 섣불리 다가갔다가는 큰코다칠 게야.

호모 에렉투스

> in 엄청 더운 지구

만난 시기: 150만 년 전   뇌 용적: 약 900cc

쿠슬미가 '자바바라'라는 이름을 붙여 준 **자바 원인**은 아쉽게도 쿠가 아니라, 추운 북쪽 지방에서 만난 에구구 무리, 베이징 원인과 같은 호모 에렉투스였지. 그렇지만 조금은 다른 점도 있었다. 1,000cc가 넘는 크기의 뇌를 자랑하는 베이징 원인과 달리, 자바 원인의 뇌 용적은 900cc 정도로 조금 더 작아. 반대로 평균 키는 150~160cm인 베이징 원인보다 자바 원인이 10cm쯤 더 크지.

같은 종끼리 왜 이런 차이가 생겼을까? 이유를 콕 집어 말하기는 힘들지만, **분명 이들이 가진 '적응력'도 중요한 요인이겠지.** 종이 같아도 환경에 따라 생김새와 습성이 달라지는 건 두 발 생명체만이 아니라 모든 생명체에게 당연한 이치! 가끔은 각자의 환경에 맞는 생존 전략에 따라 아예 새로운 종으로 진화하는 경우도 있더군.

에구구(베이징 원인)의 환경
- 북쪽 지방의 산속이라 정말 추움!
- 한겨울에는 주로 사냥으로 에너지를 섭취해야 함.

모조(자바 원인)의 환경
- 강과 바다가 있어 수산 자원 풍부.
- 지구에서 가장 뜨거운 적도 근처.

어떤 지구인 과학자들은 자바 원인이 더 원시적인 종족이기 때문에 베이징 원인보다 뇌가 작은 거라고 주장한다는군.

신체 발달의 차이는 기후 차이 때문일 수도 있지. 더운 곳일수록 체온을 쉽게 내릴 수 있게 길고 얇은 몸으로 진화하니 말이다. 다른 이유는 없을까? 너희 생각은 어떠냐?

호모 에렉투스들의 뛰어난 적응력은 한눈에도 알 수 있었다.
육지뿐만 아니라 물에서 얻을 수 있는 것들까지 전부 활용했으니까.

우리에게 나눠 준 무화과와 메갈로켈리스 고기가
바로 녀석들의 육지 자원이야.
얼마나 육지 자원을 잘 찾아다녔는지,
메갈로켈리스가 이 녀석들 때문에
멸종했을 정도라는군!
쿠슬미의 바이크까지 말도 없이
잡아먹어 버린 걸 보면,
이들이 메갈로켈리스를 얼마나
좋아했는지 알 만해.

쿠슬미의 사륜 바이크였던
메갈로켈리스.
쿠슬미가 참 좋아했는데….

물속에서 채취한 조개도 이들의 자원이었지.
조개의 속살은 식량으로 삼고,
남은 껍데기는 날카롭게 다듬어서 도구로
사용했다니, 정말 알뜰한 생명체로구나!

강에서 주운 조개껍데기.
이 조개에 남은 지그재그 문양은
도구 사용의 흔적일까?

물에서도, 육지에서도
식량을 찾아내는 부지런함!

인도네시아 아궁산 주변은 비료 역할을 하는 화산재 덕에 이렇게 식물이 잘 자라지.

이번 이야기를 듣고 화산은 정말 끔찍한 거라고 생각할 수도 있겠지만, 행성 전체의 차원에서 보면 **화산은 절대 나쁜 것만은 아니야.**

지금 우리가 서 있는 땅은 수십억 년 전, 지구의 마그마 바다가 식어 만들어졌지. 약 2억 5천만 년 전의 화산 폭발은 당시 지구 생물 90% 이상을 멸종시켰지만, 한편으론 지구에 새 생명체들이 탄생한 전환점이 되기도 했다.

또 화산재는 주변의 토양을 비옥하게 만들어 식물이 잘 자라게 하고, 다른 화산 분출물들도 행성 내부 물질 연구에 아주 중요한 역할을 한다고.

☆ ☆ ☆

시간 여행 중인 우리가 마주치는 생명체들의 일에
일일이 신경 쓰다가는 아우레의 역사까지 뒤바뀌고 말 게야.
어쩌면 인피니티의 속셈이 바로 그거일지도…?!

인피니티의 진심도 알아내야 하고, 쿠도 찾아야 하고.
우주 최고 천재인 나조차도 머리가 핑핑 돌 지경이야!

어쨌든 지금은 눈앞에 있는 새로운 생명체부터 분석해 봐야겠군.
저 녀석, 가만히 보니 왠지 엄청나게 속을 썩일 것 같은 예감이 드는걸?
아~주 중요한 걸 훔쳐 달아날 거라고 얼굴에 다 쓰여 있지 않니?

아무래도 지금부터 함부로 도망치지 못하게 네 눈 부릅뜨고 감시해야겠어.
바쁘니까 이야기는 다음에 다시 하자꾸나!

다음에도 정신 똑바로 차리고 집중!

정재승의 인류 탐험 보고서
4 화산섬의 호모 에렉투스

글 차유진 정재승
그림 김현민
감수 백두성
사진 getty images bank, Wikimedia Commons

1판 1쇄 인쇄 2022년 8월 5일
1판 1쇄 발행 2022년 8월 17일

펴낸이 김영곤
융합1본부장 문영 기획편집 정유나 이신지 오경은 디자인 한성미
아동마케팅영업본부장 변유경 아동마케팅1팀 김영남 황혜선 이규림 아동마케팅2팀 이해림
아동영업1팀 이도경 오다은 김소연 아동영업2팀 한충희 오은희 강경남
제작 이영민 권경민

펴낸곳 ㈜북이십일 아울북
출판등록 2000년 5월 6일 제406-2003-061호
주소 (10881) 경기도 파주시 회동길 201(문발동)
대표전화 031-955-2100 팩스 031-955-2177
홈페이지 www.book21.com

ⓒ 정재승·김현민·차유진, 2022
이 책을 무단 복사·복제·전재하는 것은 저작권법에 저촉됩니다.

ISBN 978-89-509-9653-6
ISBN 978-89-509-9649-9 74400 (세트)

책값은 뒤표지에 있습니다.
잘못 만들어진 책은 구입하신 서점에서 교환해 드립니다.

- 제조자명 : ㈜북이십일
- 주소 및 전화번호 : 경기도 파주시 문발동 회동길 201(문발동) / 031-955-2100
- 제조연월 : 2022.8.17.
- 제조국명 : 대한민국
- 사용연령 : 3세 이상 어린이 제품

너와 나, 우리들의 마음을 이해하게 도와줄
첫 번째 뇌과학 이야기

정재승의 인간 탐구 보고서 (1~9권)

❶ 인간은 외모에 집착한다
❷ 인간의 기억력은 형편없다
❸ 인간의 감정은 롤러코스터다
❹ 사춘기 땐 우리 모두 외계인
❺ 인간의 감각은 화려한 착각이다
❻ 성은 우리를 다르게 만든다
❼ 인간은 타고난 거짓말쟁이다
❽ 불안이 온갖 미신을 만든다
❾ 인간의 선택은 엉망진창이다

지구인들, 이렇게 진화했군!
부록만 봐도 어떤
생명체인지 알겠어.

인류의 과거와 현재를 이어 줄
아우린들의 시간 여행!

정재승의 인류 탐험 보고서 (1~4권)

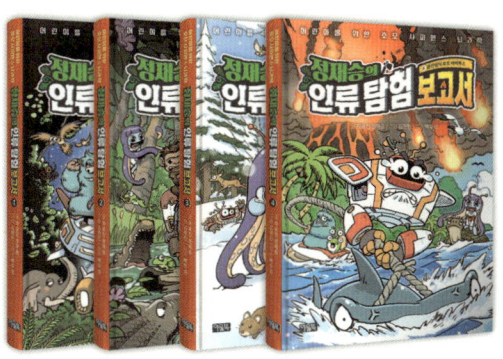

고고학적 사실과 과학적 상상력의
특별한 만남!
인류학 탐정이 되어 오래전
호미닌의 모험을 함께해 보세요!

❶ 위대한 모험의 시작
❷ 루시를 만나다
❸ 달려라, 호모 에렉투스!
❹ 화산섬의 호모 에렉투스

지구인, 과거부터
파헤쳐 주겠음!